AF498798

हंसा चलो पिया के गाँव

(काव्य संग्रह)

आचार्य रमेश तिवारी लल्लन गुलालपुरी

दिल्ली – 110089, (भारत)

प्रथम संस्करण : 2021
ISBN : 978-93-90889-13-6

प्रखर गूँज पब्लिकेशन
एच-3/2, सेक्टर-18, रोहिणी, दिल्ली-110089
दूरभाष : 7982710571, 7838505899, 011-27851059

मूल्य : 195/-

हंसा चलो पिया के गाँव
(काव्य संग्रह)

आचार्य रमेश तिवारी लल्लन गुलालपुरी

Hansa Chala Piya Ke Gaon
By : Aachary Ramesh Tiwari Lallan Gulalpuri

Published by
PRAKHAR GOONJ PUBLICATION
Delhi - 110089
E-mail : prakhargoonj@gmail.com
            sinha.neelu123@gmail.com
011-27851059, 7982710571, 7838505899

Web : https://prakhargoonjpublicationofficialwebsite.com

सादर समर्पण

परम पूज्या प्रमाता के आशीर्वाद से ……..

………उन्हीं के चरणों में समर्पित ।

कवि की कलम से

काव्य जीवन और जगत की रागात्मक अभिव्यक्ति है। काव्य में मानव - हृदय की भावनाओं का प्रतिबिंब रहता है। यही नहीं, उसमें आत्मा का वह रस होता है, जो अत्यंत सूक्ष्म होते हुए भी जीवन को परिचालित करता है और जिसके कारण ही वस्तुतः जीवन में आनंद है। हिंदी - साहित्य के हजार वर्षों के इतिहास में कबीर, सूर और तुलसी जैसा व्यक्तित्व लेकर कोई उत्पन्न नहीं हुआ। उनकी रचनाओं का जो छाप पाठकों के हृदय पर दिखाई पड़ता है वैसा सम्मान अन्य रचनाओं को प्राप्त होना असंभव सा है। मैंने भी उन्हीं की शैली में कुछ पद रचना 'हंसा चलो पिया के गाँव' सभी पाठकों, मर्मझ-विद्वानों के सामने प्रस्तुत करने का प्रयास किया है। इसमें कुछ कविताओं का भी संग्रह है फिर भी आप सब का स्नेह मिला।

मैं प्रत्यक्ष एवं परोक्ष रूप में सभी का आभारी हूँ॥

आपका अपना

आचार्य रमेश तिवारी लल्लन गुलालपुरी

क्रमतालिका

काव्य – संग्रह

हंसा
चलो पिया के गाँव

पद - रचना

हंसा, हरि सुमिरन कीजै ।

भजन रूप, अमृत ये सुंदर, सुचि - मन से पीजै ॥

पारस नाम, चित्त करि कंचन, अपनो परीक्षा दीजै ।

माया - जाल, मोह - पारधी, तिनसो बचि लीजै ॥

ईश नाम कै, बरसे बदरिया, जा में तन - मन भीजै ।

जपतु रमेश, विघ्न सबु हरता, जय गणेश जै जै ॥ १ .

हंसा, हरि बिनु कौन सहारा।

वे ही साचो, प्रीतम मेरे, और न कोई हमारा।।

माया - मोह, काम की नगरी, संसृति है यह सारा।

झूठे - रिस्ते, कच्चे - बंधन, साथ न देवैं तुम्हारा।।

भजन -रूप, चुगि ले मोती, रैन - दिवस वहि प्यारा।

सुना रमेश, दया कै सागर, भव से कितनो तारा।। २ .

हंसा, चलो पिया के गाँव।

पिय के गाँव, बड़ौ निक जहँवा, होवे धूप न छाँव।।

मैं तो संग, पिया कै रहिके, वही करूँगी ठाँव।

मन वाणी अरु, कर्म से उनके, लेती रहूँगी नाँव।।

कहै रमेश, सुनो रे हंसा, ऐसो सुंदर गाँव।

प्रेम - सरोवर, बहत है निर्मल, पड़ै जहाँ पिय - पाव।। ३ .

हंसा, प्रीत मिलन अब कीजै।

छाड़ि सरोवर, कै सब बंधन, नेह उन्हीं को दीजै।।

मंगल गीत, मिलन के गाओ, प्रीत - बलैया लीजै।

भोग - विलास जगत के फीको ऐसो रस तुम पीजै।।

साधक जन जेहि, रंग में रमते, और भाव ते भीजै।

कहतु रमेश, सुनो रे हंसा, तेहि अपनो करि लीजै।। ४ .

हंसा, करि लीजै श्रृंगार।

प्रीतम कै घर, जाना तोहे, तज बाबुल के द्वार।।

जैसे पहिने, नई - दुल्हनियाँ, सज कंचन कै हार।

रेख सिंदूर, सजा ले अपनो, करिके प्रेम स्वीकार।।

धन्यभाग्य जोइ, प्रीतम दीन्हा, करिके ये उपकार।

कहतु रमेश, प्रेम बस साँचो, मिथ्या है संसार।। ५ .

———◆🮮◆———

हंसा, प्रीत नगरिया दूर।

जहाँ बसै वह, प्रीतम मेरो, मेरी आँख के नूर॥

बड़ों कठिन हैं, राह वहाँ के, थक के होना चूर।

माया - मोह के, काँटे बिखरे, उड़त काम के धूर॥

कैसे होवै, पँहुचन उन तक, दरस सुखद भरपूर।

कहै रमेश, भजन करि हंसा, होइहै मिलन जरूर॥ ६ .

हंसा, कौन सरोवर वास।

ऐही सरोवर, मैला पानी, कैसे करतु निवास॥

देखि सरोज, मनोहर प्यारो, करतु कौन से आस।

भानु अस्त पुनि, ये विनुसैहे, करिहै तोहे निरास॥

कहतु रमेश, छाड़ि दै हंसा, जग के भोग विलास।

करिले मिलन प्रीत से अपनो धरि हरि में विश्वास॥ ७ .

हंसा, प्रिय बिनु परइ न चैना ।

सूनी - सूनी, लागै नगरिया, ब्याकुल होवे नैना ।।

मन - बावरा, तड़पतु ऐसे, सुक बिन जैसे मैना ।

दिन यह लागै, बरस बराबर, युग सम लागे रैना ।।

तन में पीर, विरह के जागै, और मनोज डसैना ।

कहै रमेश, प्रीत अब आवौ, यहु दुःख कौन सहैना ।। ८ .

हंसा, प्रीतम प्रेम- बदरिया ।

मैं तो नाँचू, बनकर उनकी, देखो आज मयुरिया ।।

कर श्रृंगार जगत के सारे, नयन लगाऊँ कजरिया ।

उनको मनाऊँ और रिझाऊँ पग में बाँध पयलिया ।।

प्रेम- नीर जब प्रीतम बरसै पुलकै काया - नगरिया ।

धन्य रमेश होई तब हंसा जब मिलिहैं वो सँवरिया ।। ९ .

हंसा, कागा द्वार न आवै।

पिय के आवन, के संदेशा, अब नहिं कोई सुनावै।।

बैठि मुंडैरन, काँव - काँव करि, अब नहीं कोई गावै।

पिय की पाती, अब तो कबूतर, नहि कोई पँहुचावै।।

पिय बिनु मेरो, जिय मचलावै, हाल न कोई बतावै।

कहतु रमेश, काग बिनु हंसा, कौन खबरिया लावै।। १० .

हंसा, नैनन छाये बदरिया।

उर- अंबर में, प्रिय- स्मृति के, चमके एक बिजुरिया।।

स्वाति - बूँद वो चातक - प्यासा, मैं तो देखू डगरिया।

कंत - विरहणी, मैं तो मचलू, जैसे कोई मछरिया।।

जनम- जनम से, भटक रही मैं, कैसे जाऊँ नगरिया।

कहैं रमेश, काम तजि हंसा, मिलिहै तोहे सवरिया।। ११ .

हंसा, पिया मिलै कैहि बाट।
मैं तो आई, लख - चौरासी, जग में चक्कर काट॥
साधू - संत, सबहीं से पूछी, कीन्हौ पूजा पाठ।
मंदिर खोजा, मस्जिद खोजा, हेर लिया प्रति हाट॥
बहु उपाय, हंसा तुम कीजै, खुलै मोह कै गाँठ।
कहत रमेश, मिलै वो प्रीतम, मन के खोल कपाट॥ १२ .

हंसा, पिय कै मिलत संदेश।
मैं जाऊँगी, उन वाहक संग, पिया बसत जहिं देश॥
देखूँगी वह, प्रीत - नगरिया, जहाँ न कोई क्लेश।
तजकर मैं यह, काया - नगरी, बसूँ वहीं परदेश॥
रहूँ मैं उनके, पग - कमलन में, धरि जोगन का भेष।
धन्य भाग्य जब, पिय से मिलिहौ, सबसे कहै रमेश॥ १३ .

हंसा, पिय खोजत मैं हारी।

जैसे ढूढ़त, मृग - कस्तूरी, जंगल - वन बेचारी॥

योगी - मुनि जेहि, पावै खातिर, करै जतन बहु भारी।

मिलै वो कैसे, साधु बताओ, माया जात न टारी॥

वो तो बसै मेरो, मन मंदिर में, ढूँढा दुनियाँ सारी।

कहतु रमेश, प्रेम बिनु उपजै, नहिं पावै संसारी॥ १४.

┈┈━━❁ ৩ पद - रचना ৩ ❁━━┈┈

हंसा, कैसे पिय को रिझाऊँ।

किस कारन वो, रूठे मोसे, मैं य ह जान न पाऊँ॥

जनम - जनम का, नाता उनसे, पल में कैसे भुलाऊँ।

माया के इन, बंध में उलझी, कैसे उनको पाऊँ॥

लोक लाज तजि आठ पहर अब नाम उन्हीं का गाऊँ।

कहत रमेश एहि विधि हंसा निश दिन उनको मनाऊँ॥ १५.

━━━━━◆⬠◉⬠◆━━━━━

·········—❀ ༺ पद - रचना ༻ ❀—·········

हंसा, प्रिय ! आए मेरो द्वार।

मैं तो नाचूँ, सखियन के संग, करि सोलह श्रृंगार।।

थाल - आरती, मैं तो सजाऊँ, गाऊँ मंगलचार।

बड़े भाग्य ते, दर्शन पायो, कीन्ही वो उपकार।।

उन बिनु खारो - खारो लागै, यह मिथ्या संसार।

कहत रमेश, प्रेम ही हंसा, जीवन का आधार।। १६ .

·········—❀ ༺ पद - रचना ༻ ❀—·········

हंसा, चलो बसे वहि देश।

प्रीत - पुष्प, पुष्पित - बेलें, प्रकृति - सुखद हो वेश।।

शीतल - पवन, बहैं जहँ सुरभित, जैसे कुंचित केश।

मन के बंधन, बँधे अनोखे, न भेद - भाव के रेश।।

निर्मल जीवन, पावन संस्कृति, रहे न अन्तः क्लेश।

ऐसो सुन्दर, प्रेम - नगरिया, होवे कहतु रमेश।। १७.

———————◆🕉◆———————

सुख के, दिन ये केवल चार।

सुन रे हंसा, जग में होवै, दुःख कै रैन हजार॥

स्वारथ कै सबु, मीत जगत में, झूठे हैं व्यवहार।

मिलना क्षणिक प्रेमु ते मिलिए अथवा विरह अपार॥

वैभव - चमक, सुनहरी काया, होइहै इक दिनु क्षार।

कहतु रमेश, भजन करि हंसा, होवें भव से पार॥ १८.

हंसा, मन पावन करि लीजै।

सुसंस्कृति - सदगुण- सुंदर निज सुत को तुम्ह दीजै॥

या करनी, सुत कै तुम्हरौ ही, आन - मान को भुंजै।

खान- पान, व्यवहार जगत कै वहिं मिट्टी सबु कीजै॥

दुर्जन संग, रहै ब्यसनन में, हरि कौ नाम न लीजै।

कहै रमेश, अपयश कै मदिरा, सुत कारन नहिं पीजै॥ १९.

━━━━━━━━━━━━━ ◆ ꧁❁꧂ ◆ ━━━━━━━━━━━━━

हंसा, नहिं बसियो वहिं देश।

जेहिं के लोग, परस्पर बदलें, गिरगिट जैसे भेष॥

प्रेम छलावा, मीत हो छलिया, अंतः केवल द्वेष।

व्याधि - दोष जहाँ रहै निरंतर छाया चहुँ दिश क्लेश॥

राजा लोभी, प्रजा विषय रत, करें कानि पै नेस।

तहँ रहनो सुन, उचित न होई, सबसे कहैं रमेश॥ २०.

हंसा, दिन - दिन पड़त अकाल।

रोग - व्याधि, जगत में व्यापै, काम करै बेहाल॥

झूठ बोलि, तृष्णा भरि मानव, लूट कमाये माल।

करि पाखण्ड, अहम में फूलै, और बजाये गाल॥

धरम - करम नहिं ईश्वर भक्ति बस माया के जाल।

कहै रमेश बिपति तब भागै हरि जब होत कृपाल॥ २१.

हंसा, मत दीजै संदेश।

ये बगुले हैं, स्वांग रचे बहु, धरि मराल के भेष॥

काम - विषय - तृष्णा में खोये, करते इरषा द्वेष।

प्रेमु- सरोवर सूख गयौ हैं धरम - करम नहिं शेष॥

आहार अभक्ष रैन दिन भक्षै ब्यापै तन में क्लेश।

मोती इनहिं, नीक नहीं लागै, कितनो कहै रमेश॥ २२ .

हंसा, छाँड़ि नीर तुम दीजै।

गहि कै क्षीर जगत में अपुनौं अमर सुयश करि लीजै॥

करनी कै फलु जन सब पावै कृत्य - सुकृत्य ही कीजै।

निर्मल - प्रेम के वारिद बरसै तन - मन तुम्हरौ भीजै॥

चुगि ले मोती हरि भगती के रस – पावन तुम पीजै।

कहैं रमेश जूँ अवसर बीते क्या पावै कर मीजै॥ २३.

हंसा, जल बिनु कैसे तिरना ।

निर्जल भै यहु प्रेम – सरोवर जाइ कहाँ अब रहना ॥

विषय – कामना इन्द्रिय कारन पीड़ा क्यूँ ये सहना ।

माया कै जग सुंदर नगरी भ्रमित यहाँ बस फिरना ॥

निर्मल - जीवन मन पावन करि नाम हरी का गहना ।

चुन ले मोती काट ये बंधन है रमेश का कहना ॥ २४ .

हंसा, स्वारथ कै सबु मीत ।

वैभव के ही सारे बंधन झूठ जगत के प्रीत ॥

मिथ्या हैं ये व्यवहार यहाँ के और अनोंखे रीत ।

माया के इस जाल में बँधकर जीवन जाता बीत ॥

रोता क्यूँ है साथी न कोई मन को केवल जीत ।

कहतु रमेश मुक्ति के साधन हरि भक्ती के गीत ॥ २५ .

───────────────◆❂❂◆───────────────

हंसा, नहिं काया कै मोल।

तन है केवल, कोरा कागज, वाणी है अनमोल॥

महँगों इत्र, लगाकर कितनौ, सुंदर करि लो खोल।

जीवन सुरभित होवै तबहीं जबहिं मधुर हो बोल॥

श्रुति आनंदित होय उर हर्षित ऐसौ अमृत घोल।

कहतु रमेश, सुनों रे हंसा, वचन कहौ तुम तौल॥ २६.

हंसा, रैन - दिवा मुस्काना।

दुख-सुख केवल धूप-छाँव हैं क्षणिक है इनका आना॥

सुंदर काया, महल - अटारी, धूल में है मिल जाना।

धन - दौलत पे, गर्व न कीजै, नहिं दिन एक समाना॥

प्रीत के पंकज पुष्पित करि मन - मंदिर ताहि सजाना।

जगत सरोवर रहनो कछु दिन, फिरि रमेश है जाना॥ २७.

हंसा, जग में दुःख मत रोय।
सुनि के हँसिहै, लोग इहाँ कै, बाँटि न लेहै कोय॥
हानि- लाभु सब, सहना तुझको साथी न कोई होय।
माया के इस, बंध में फँसकर, जीवन काहे खोय॥
भजले हरि को छाड़ि विषय को यूँ ही मत तू सोय।
कहतु रमेश, हमारो साथी, कर्म हमारो होय॥ २८.

हंसा, चार दिनों का मेला।
कोई न जाये साथ तुम्हारे उड़ना तुझको अकेला॥
जीवन - ऐसे, जैसे हो कोई, रंगमंच का खेला।
बिना रुके ही, बढ़ता जाये, रैन - दिवस यह रेला॥
खोज करे क्यूँ झूठे सुख की जगत गमों का ठेला।
भजु रमेश हरि, नाम नसावै, बंधन और झमेला॥ २९.

हंसा, समय बदलता जाए।

नर हैं बदले, नारी बदली, कर्म अनोखें आए॥

संस्कृति - भाषा वस्त्र भी बदले रीत बदलती जाए।

रूप - रंग, ईमान बदल गए, वेद न तनिक सुहाए॥

भक्ष्य - अभक्ष्य खाए सब देखो धेनु न पूजी जाए।

कहतु रमेश, सुनो रे हंसा, दुःख पर दुःख अब छाए॥ ३० .

हंसा, कौन गती है तोर।

रंग - बिरंगी, दुनिया तेरी, फिर भी मचाये शोर॥

बहुरंगी ये, धन्धे - भोजन, गजब - निराले दौर।

कर्म अजब है, धर्म गजब है, मन- माया के डोर॥

ना हरि नाम, जपन ही भावै, करत अहम कै रोर।

कहैं रमेश, सुनों रे हंसा, सुख आवै केहिं ओर॥ ३१ .

हंसा, जीवन सरिता - धार।

नित - नित बढ़ती, अविरल देखो, नश्वर यह संसार॥

उठे अभीप्सित, लहर ये डूबे, क्यूँ माझी – मन हार।

तन - कागज की, सुंदर - नैया, कैसे होवें पार॥

सुख -दुख दोनों, नीर - रेत ये, काम विषय सब जार।

कहतु रमेश, सुनों रे हंसा, केवल हरि पतवार॥ ३२ .

हंसा, काहे बहावै नीर।

तोर वास तो, प्रेम - सरोवर, फिर काहे का पीर॥

कौन से दुख जो, तोहे सतावै, धरि मनवा में धीर।

जल - अज्ञान, त्यागि दे हंसा, पीजै ज्ञान के क्षीर॥

चुग ले मोती, नाम हरी का, जो रतनन में हीर।

कहतु रमेश, लाज वो रखिहै, तेरो बढ़ा के चीर॥ ३३ .

हंसा, अब काहे पछताये।

देख दुःखों की, भारी गठरी, काहे रुदन मचाये॥

बचपन बीता, गई जवानी, अब तो जरापन आये।

माया - मोह विषय- भोग में क्यों जीवन बिसराये॥

मन- वाणी निज कर्म से अपने हरि के नाम न गाये।

कहत रमेश, माटी की काया, माटी में मिल जाये॥ ३४ .

हंसा, कैसे बदलते लोग।

मिथ्या संसृति - भाव दिखावें, करें स्वास्थ के योग॥

मन में इरषा – द्वेष बसावें, तन के छिपावै रोग।

भलो -भलो कहि, हाल बतावै, और करै बहु ढोंग॥

प्रेम न भाई - बंधु में होवै, काम - विषय बस भोग।

कहतु रमेश, सुनों रे हंसा, समय का कैसा जोग॥ ३५ .

हंसा, छाडौ मन के द्वेष ।

प्रेम - सरोवर, जाइ नहावों, मिट जावें सबु क्लेश ।।

चार दिनों की, जीवन - रैना, छूटै पुनि यँह देश ।

कर्म - सुकृति परहित रत जग, जावै नहिं कछु शेष ।।

तृष्णा - त्यागि, तोष उपजावौं, रहे नहीं मन रोष ।

जीवन सुखद करौं मिलि हंसा, कहत सदा ही रमेश ।। ३६ .

हंसा, कोई नहीं है अपना ।

सच्ची - प्रीत, हरि ते कीजै, और जगत यँहु सपना ।।

रिश्ते - नाते, मोम सदृश ये, ताप कोई क्या सहना ।

मिथ्या सुख यहु चार दिनन कै और नहीं फिर रहना ।।

दुर्लभ देह - मनुज की काया सुचि कर्मण कर गहना ।

परिहरि द्वेष, प्रेमु जग बाँटो, यहु रमेश का कहना ।। ३७ .

————◆⟨⬡⟩◆————

हंसा, पग - पग पे है धोखा।
रख संहाल पद पथ पर अपनें उड़त धूल का झोंका॥
बढ़त कदम तेरो, जग ने देखो, सदा तुम्हें है टोंका।
जो करीब था, पुष्प हृदय के, कंटक बनकर रोका॥
चाल नई सब नित - नित चलते छोड़ै न कोई मौका।
कहतु रमेश, यहाँ तो साथी, हरि बिनु कोई न होता॥ ३८ .

·········——❀ ⟩ पद - रचना ⟨ ❀——·····

हंसा, मन की आँख तू खोल।
सुबह शाम नित मुख से अपनें नाम हरी का बोल॥
जग के सब है, कोरे बंधन, जीवन है अनमोल।
तन तो माटी, का इक पुतला, कर्म का केवल मोल॥
वैभव- तेज क्षणिक मिट जाये वक्त का पहिया डोल।
कहत रमेश, सुनो रे हंसा, तज ये ढोल में पोल॥ ३९ .

हंसा, पिय मेरो संसार।

वो ही सिंधूरा, माँग के म्हारो, बिंदिया के चमकार॥

खनक मधुर वो, कंगन के हैं, पायल के झंकार।

उन बिनु मेरा, आज अधूरा, हैं ये सब सिंगार॥

बड़ भागिनि मैं पिय जो कीन्ही, मो पर ये उपकार।

सुनहु रमेश, नाम ले उनका, मैं होंगी भवपार॥ ४० .

हंसा, जोड़ ले हरि से तार।

सुबह शाम बस नाम जपै तू, जीवन बिगड़े सुधार॥

तृष्णा त्यागि, तोष उपजाओं, सुख का है यह सार।

माया- मोह, काम- विषय ये, दुःख के है सब जार॥

मन- वाणी सुचि - कर्म से करि ले, काया कै सिंगार।

कहैं रमेश, करै क्यूँ हंसा, ऐसो दिन बेकार॥ ४१ .

हंसा, मद - मदिरा तू त्याग ।

मिथ्या मान, जगत के वैभव, तज इनका अनुराग ।।

मन – मेधा से, कर विचार तू, भ्रमित मोह से जाग ।

इन्द्रिय के सब छोड़ विषय ये दुःख के केवल आग ।।

हरि - भगती अरु, परसेवा में, साचो मन से लाग ।

कहत रमेश, मद - मदिरा ये, केवल काले नाग ।। ४२ .

हंसा, मनवा जगत में भागे ।

बहु उपाय करि मैं तो लगाऊँ, हरि चरनन नहिं लागे ।।

माया - मोह, भ्रमित यह नाहीं, ग्यान - योग से जागे ।

क्रोध लोभ रत दुख में उलझा, नाहीं इन्हें यह त्यागे ।।

काम विषय वस, बँधा कीर अस, काहे बोल अभागे ।

कहत रमेश, करौ मन वस में, होइहै सोन - सुहागे ।। ४३.

••••••——❀ ঔ পद - रचना ঔ ❀——••••••

हंसा, पिय ही जीवन आशा ।

नाम पुकारत उनको रिझाऊ, जब तक तन में श्वाँसा ॥

होइहै मिलन एक दिन उनसो यहि मन की अभिलाषा ।

सब दुःख दारुण जग के मिटिहै, होइहै बंधन नाशा ॥

तोड़ जगत के, रिश्ते - नाते, पिय से लगाले लासा ।

कहतु रमेश, काहे को हंसा, जग में करावै हाँसा ॥ ४४.

••••••——❀ ঔ पद - रचना ঔ ❀——••••••

हंसा, जग के रीत निराले ।

अपने - अपने, तौर - तरीके, जीते दुनिया वाले ॥

कौन यहाँ पर, साथी किसका, फिरते सब मतवाले ।

बिनु पैसा कोई, काम न होवै, कितनौ पाँव चलाले ॥

धर्म - कर्म सब, बना दिखावा, मन हैं केवल काले ।

कहत रमेश, भजन करि हंसा, हरि ही नाव संहाले ॥ ४५.

हंसा, माटी के सब रूप।

विधि - कुम्हार ने, गढ़ा अनेकों, भाजन रंग अनूप॥

प्रथम- मिलाया, उस मिट्टी में, नीर एक ही कूप।

पृथक - पृथक बहु, पात्र बनाए, और सुखाये धूप॥

कर्म - अनल के, आँव पकाये, सुंदर और कुरूप।

कहत रमेश, गर्व मत कीजै, हरि ही सबका भूप॥ ४६ .

हंसा, रोटी के सब खेल।

वो ही करावै, बैर या देखो, एक दूजे से मेल॥

तृष्णा - पुष्प, उगावै मन में, फरै पाप कै बेल।

जीवन गाड़ी, चलै निरंतर, जैसे झुक - झुक रेल॥

खावै - खिलावै, कोई तरसै, सहतु अनेक झमेल।

कहतु रमेश, नाचै रोटी, जग को नचावै अकेल॥ ४७.

हंसा, कैसे छुड़ाऊँ दाग।

जोन चुनरिया, पिय मोहे दीन्हों, दाग उसी में लाग॥

माया- मोह के, पंक लगो रे, काम- विषय के झाग।

तृष्णा - साबुन, इच्छा – जल ते, धोये नाही भाग॥

ओढ़ पिया घर, कैसे जाऊँ, लागै बहुत ही लाज।

कहत रमेश, पिया नाम घिस - साबुन छूटै दाग॥ ४८.

हंसा, नाम हरी - रस चाखौ।

आठ- याम बस, मुख से अपने, राम नाम ही भाखौ॥

काम क्रोध मद, मोह लोभ सब, दुख के है ये साखौ।

छाड़ि इन्हें मन मिथ्या जग सुख इन्द्रिय वश में राखौ॥

तन - मन-वाणी, कर्म से अपने, पुण्य सदा ही पाखौ।

कहतु रमेश, काट रे हंसा, बंध चौरासी लाखौ॥ ४९.

हंसा, मन की ये अभिलाषा।

जग के सारे, दोष भुला के, बोल प्रेम की भाषा॥

चार दिनों का, जीवन अपना, ब्यर्थ न कर तू श्वांसा।

प्रेम - परस्पर, राम - भरत - सी, ऐसी दे परिभाषा॥

इन्द्रिय वश परि, नाही कराओ, जग में अपनो हाँसा।

कहतु रमेश, छाड़ि दै हंसा, जग के भोग विलासा॥ ५० .

·············——❀ ᜃᜃᜃ पद - रचना ᜃᜃᜃ ❀——··········

हंसा, शुभमय हो जीवन।

सुख - समृद्धि, यश सब पावैं, कटे ये भव- बंधन॥

मिटै हृदय के, तिमिर ये सारे, अरु मन होवै चंदन।

प्रेम - पयोधि, बहे रे चहुँदिश, व्यापै नहिं क्रंदन॥

करतु रमेश, हरि ते नित ही, पाणि – जोरि वंदन।

विनती सुनहु, कृपालु तुम मेरो, जय पार्वती नंदन॥ ५१.

हंसा, एक - एक हो ग्यारा।

सब मन के तुम, दोष तजो रे, जियो प्रेम से यारा॥

अक्षर - अक्षर मेल हुआ तो, सन्धि-व्याकरण न्यारा।

शब्द दूसरा बनकर आया, भाव नया ले हजारा॥

भिन्न - वर्ण दो एक हुए जब, बदला अर्थ ये सारा।

बदल गये व्यवहार जगत के, बढ़ा शब्द भण्डारा॥

रूप एकता धारण कर ले, कर ले सद् आचारा।

नव जीवन संबल हो विकसित, कर्म बने आधारा॥

पहला अक्षर तुम हो जाओ, अक्षर दूजा। मैं प्यारा।

हृदय प्रेम से आलोकित हो संधि सार्थक होय हमारा॥

विच्छेद-धर्म-गुण-रूप अलग पर लक्ष्य एक साकारा।

कहतु रमेश, सुनो रे बंधू, कर ले आत्म - उजारा॥५२.

काव्य - संग्रह

माँ सरस्वती – वंदन

मराल वाहिनी ! मातु शारदे,
करूण - वेदना - क्रन्दन सुनले,
आकुल मन की आरति वन्दन,
ज्ञान - प्रकाश – हिये भर दे।।

नवजीवन ज्योति जगा जन-जन,
प्रेम - राग - सरिता भर मन - मन,
तिष्ठ कमल ! उज्ज्वल - वसने,
जगमग उर - अम्बर कर दे।।

कलुष - भाव का तम घनघोर,
काट अम्ब ! कर पंथ अंजोर,
बहा मनुजता - निर्झरि विमले,
व्याप्त दनुजता - दुःख हर दे।।

भाषा - भूषित- भव्य - गिरा हो,
भय न भासित भद्र – भाग्य हो,
सबल भक्ति - भावना जागृत,
भारती ! भारत में कर दे ॥

❁ ❁ ❁

हंसा, चलो पिया के गाँव

हंसा, चलो पिया के गाँव,
जहाँ न होवे धूप व छाँव।
ऐसा सुंदर गाँव पिया के,
वहाँ करूँगी मैं तो ठाँव॥

जहाँ प्रेम के निर्झर बहते,
कोकिल गाती सुंदर गीत।
और मयूरा नित दिन नाचें,
बनकर जैसे वारिद - मीत॥

कागा बोले काँव - काँव तो,
लेवे पपीहा पिउ का नाँव।
हंसा, चलो पिया के गाँव,
हंसा, चलो पिया के गाँव॥

मैं तो संग, रहूंगी उनके,
और करूंगी सभी सिंगार।
तन मन वाणी निज कर्मों से
उनका प्रेम मुझे स्वीकार॥

मिथ्या ये व्यवहार जगत के
तजकर इसके कोरे - भाव।
हंसा, चलो पिया के गाँव,
हंसा, चलो पिया के गाँव॥

माया मोह काम की नगरी
संसृति है यह सारा।
झूठे - रिश्ते कच्चे - बंधन,
साथ न देवें तुम्हारा॥

केवल साचो साथी प्रीतम,
बस सुंदर है उनका गांव।
हंसा, चलो पिया के गाँव,
हंसा चलो पिया के गाँव॥

बाबुल का घर चार दिनों,
का अपना-पराया कौन यहाँ।
जाना तो है रीत जगत का,
कुछ दिन रहना और जहाँ॥

यादों की हर छूटै गठरी,
कहाँ पड़त फिर पाँव।
हंसा, चलो पिया के गाँव,
हंसा, चलो पिया के गाँव।।

मैं चली साजन की नगरी

मैं चली साजन की नगरी,
मैं क्यूँ अब आँसू बहाऊँ।
छोड़कर बाबुल के घर को,
सेज प्रीतम के सजाऊँ।।

बंधु रोवै, पूत रोवै,
रोवै परिजन कर विदाई।
प्रिय- मिलन को जा रही हूँ,
मैं नयन - जल क्यूँ गिराऊँ।।

पाँच - तत्वों से बना यह,
गेह अब मैं क्यूँ सजाऊँ।
जग के कोरे रिश्ते ये नाते,
क्यूँ भला इनको रिझाऊँ।।

उम्र के इस ठहराव में ही,
मृत्यु का पड़ाव छाऊँ।
वक्त के विराम में ही,
जीवन का विश्राम पाऊँ।।

थक गए कब हम सफर में,
दूर तक चलते यहाँ।
आज पहुंची बलमा के द्वारे,
अब क्यूँ मैं उनसे लजाऊँ।।

चुपके - चुपके आना प्रियतम

चुपके - चुपके आना प्रियतम
अपना मुझे बनाना प्रियतम ।।

सूरज की किरणों के संग,
आकर सूने मन – आंगन में,
धूप - खुशी भर जाना प्रियतम !
चुपके - चुपके आना प्रियतम ।।

नयनों के मारग से आकर,
अपनी स्मृति के चित्र बनाकर,
उर - मन्दिर बस जाना प्रियतम !
चुपके – चुपके आना प्रियतम ।।

मैं तेरी यादों में खो जाऊँ,
स्वप्नों में तुझको ही पाऊँ,
पलकों में मुस्काना प्रियतम !
चुपके - चुपके आना प्रियतम ।।

रजनी की शीतल छाया बन,
शीतलता तन को दे जाना,
अधरों का प्यास मिटाना प्रियतम !
चुपके - चुपके आना प्रियतम ।।

श्रृंगार अधूरा तुम बिन हैं,
प्राण तड़पते तुम बिन हैं,
आकर गले लगाना प्रियतम !
चुपके - चुपके आना प्रियतम ।।

जग से क्या लेना है हमकों,
कोरे कच्चे मोम के बंधन,
अपने साथ ले जाना प्रियतम !
चुपके - चुपके आना प्रियतम ।।

प्रेम बांटिए

प्रेम बांटिए, जीवन जीने की,
केवल यह तो एक दवा।
हिंदू- मुस्लिम - सिख - ईसाई,
कर लो मिलकर एक दुआ॥

नफरत की यह जहर तुम्हारे,
संतानों पर घातक होगा,
कांटा उन्नति पथ का बनकर,
कल तो यही बाधक होगा,

छोड़ो हिंसा की बहती यह,
गर्दिश – धूमिल तेज हवा।
प्रेम बांटिए, जीवन जीने की,
केवल यह तो एक दवा॥

जातिवाद की आग लगाकर,
घर तेरा ही ये जलाते हैं,
इंसान नहीं ये गिरगिट जैसा,
कैसे रंग बदलते हैं,

ऐसे गद्दारों से तू अपने,
जलते घर को आज बचा।
प्रेम बांटिए, जीवन जीने की,
केवल यह तो एक दवा।।

नाम अलग है धर्म एक क्या ?
मानव - सेवा से कोई बढ़कर,
राह अलग है लक्ष्य एक है,
मंजिल पाना केवल चलकर,

मंदिर मस्जिद गुरुद्वारा चर्चा में
- ईश्वर केवल एक बसा।
प्रेम बांटिए, जीवन जीने की,
केवल यह तो एक दवा।।

रूप एक सा, रंग एक सा,
रक्त सदा से एक बहे,
फिर कैसा यह मन का अंतर,
क्यों ईर्ष्या - द्वेष का मैल बसे,

साफ करो मैलों को मिलकर,
भाईचारे का पुष्प खिला।
प्रेम बांटिए, जीवन जीने की,
केवल यह तो एक दवा।।

अकेला उड़ता जाये परिंदा

अकेला उड़ता जाये परिन्दा,
पथ पे चलता जाये परिन्दा।
घनी अन्धेरी अमा की छाया,
तनिक नहीं घबराये परिन्दा॥

विस्तृत नभ के अंचल में,
आगे बढ़ता जाये निरन्तर।
अनजानी - सुनी राहों में,
छोटा सा ले प्राण अनन्तर॥

निडर अकेला निश्चय मन से,
झंझावातों से टकराये।
उर में अपनें तूफान लिए
आगे बढ़ता जाये परिन्दा॥
अकेला उड़ता जाये परिन्दा ...

छोटे - छोटे तिनके चुनकर,
सुन्दर सा नीड़ बनाये।
रंग - बिरंगें सपने बुनकर,

नव - इतिहास सजाये ।।
घड़ी परीक्षा की हो कैसी,

स्थिर - मन से डोले ।
दुविधाओं के कठिन द्वार को,
निज - विवेक से खोल परिन्दा ।।
अकेला उड़ता जाये परिन्दा ...

नयी - नयी आशाओं से -
रच, जीवन - गीत सुनाये ।
केवल मग में स्मृति अपनी
जग को देता जाये ।

यह विश्व - पटल पर अपने,
कृति से इन्द्र - धनुष बनाये ।
समय की कोरी पृष्ठों पर बस,
चिन्ह छोड़ता जाये परिन्दा ।।
अकेला उड़ता जाये परिन्दा ...

मैं मानव हूँ

मैं मानव हूँ, मुझको केवल,
तुम मानव ही रहने दो।
सच्चा धर्म है प्राणी - सेवा,
इसी धर्म पर चलने दो।।

ना हिंदू मुस्लिम सिख ईसाई,
जगत एक ईश्वर ने बनाई,
एक रंग, इक मिट्टी लेकर,
सुंदर – काया उसने सजाई।

राम रहीम अल्लाह अरु यीशु
नाम कोई भी जपने दो।।
मैं मानव हूँ, मुझको केवल,
तुम मानव ही रहने दो।।

रंग - बिरंगी गुलशन जैसी,
अजिर वीरान करो ना,
फूलों को बिनकर कांटो से,
हे ! जालिम, राह भरो ना।

जातिवाद से सींच - सींचकर
नागफनी मत उगने दो।
मैं मानव हूँ, मुझको केवल,
तुम मानव ही रहने दो।।

भेद - भाव के दीवार उठा के,
मत भाई को भाई से बाँटो,
उग रहे बुराई की झंझा को
कृपाण - प्रेम की ले काटो।

दीप - अहिंसा- भाईचारे का
तुम केवल बस जलने दो।
मैं मानव हूँ, मुझको केवल,
तुम मानव ही रहने दो।।

बूँद - बूँद, अनमोल

बूँद - बूँद, अनमोल !
जीवन क्षण - क्षण रहा डोला।
बूँद - बूँद, अनमोल !..

नन्हें कदमों की आहट,
मन की वह अकुलाहट,
छोटी आँखों के छोटे - सपनें,
मधुर - मधुर वे बोल !
बूँद - बूँद, अनमोल !..

कागज के वो नाव बनाकर,
अरमानों के जल में तैराना,
उड़ते इच्छा के पतंग का,
करे कोई ना मोल !
बूँद - बूँद, अनमोल !..

यौवन आया पंख लगाकर,
अनजान अकेला था मैं,
मंजिल की दूरी ज्ञात नहीं,
छिपा राह का पोल !
बूँद - बूँद, अनमोल !..

उड़ते पंक्षी के जैसे,
सुन्दर सा ठाँव बनाया,
झंझावातों में फंसा हुआ वो,
मद का बजाया ढ़ोल !
बूँद - बूँद, अनमोल !..

पाया क्या ? खोया जग में,
सब कुछ हैं बिसराया,
कितनें शूल चुभे पग में,
मुस्कान मधुर ही घोल !
बूँद - बूँद, अनमोल !..

कितनें पुष्प संजोया हमनें,
कितनों ने मुख लिए मोड़,
अपनों ने तोड़ा हृदय - आरसी,
मधुर वचन ही बोल !
बूँद - बूँद, अनमोल !..

चार दिनों का जीवन साथी,
चिरनिद्रा में होना लीन,
फिर क्यूं अलसाया राही,
पथ पर मतवाला डोल !
बूँद - बूँद, अनमोल !..

निज-स्मृति का इतिहास बना,
संसृति के कोरे कागज पर,
अपने शौर्य अटल-निश्चय से
परिवर्तित कर भूगोल!
बूँद - बूँद, अनमोल !..

तुम्हारे प्रीत का पंकज

तुम्हारे प्रीत का पंकज,
खिलाता जा रहा हूँ मैं,
तुम्हें अपने हृदय - गृह में,
बसाता जा रहा हूँ मैं,
मगर सच तो यही है कि
तेरे यादों की दरिया में।
स्वयं को ही स्वयं से यूं
भुलाता जा रहा हूँ मैं॥
   तुम्हारे प्रीत .....,

नहीं राधा सी व्याकुलता,
नहीं मधुता है मोहन सी,
नहीं है मन - खिलौना ये,
नहीं बंशी मधुर - स्वर सी।
घिरे बादल नहीं फिर भी,
पपीहे - सा मचलता हूँ
अकिञ्चन - पीर सी पीड़ा,
दृगों में छा बरसता हूँ
विरह में गोपिका बनकर,

मुस्कुराता जा रहा हूँ मैं।
स्वयं को ही स्वयं से यूं,
भुलाता जा रहा हूँ मैं ॥
तुम्हारे प्रीत ....

नहीं हैं बन्ध - शब्दों के,
नहीं जो पीर बन छलकें,
मेरे इस गम के अम्बर में,
जो आबाद न झलकें।
मिलाकर मन से मन देखो,
मैं तन्हाई चुराता हूँ,
दिनों में ख्वाब के तेरे,
गुलिस्ता मैं सजाता हूँ,
अन्धेरे में अकेले गुन -
गुनाता जा रहा हूँ मैं।
स्वयं को ही स्वयं से यूं
भुलाता जा रहा हूँ में ॥
तुम्हारे प्रीत ....

पिला नयनों से तुम हाला,
शराबी कर दिया मुझको,

तेरी महफिल में आये जो,
दिवाना कर दिया उनको,
तेरे जुल्फों की जालों में,
उलझता - चाँद जाता हूँ,
पिरो कर दर्द की लेखा,
सदा ही गीत गाता हूँ,
चकोरा बन तुम्हें केवल,
देखता जा रहा हूँ मैं।
स्वयं को ही स्वयं से यूं
भुलाता जा रहा हूँ मैं॥
तुम्हारे प्रीत ....

<u>हे ! मानव</u>

हे ! मानव तुम मानव जैसा,
बन मानव सुन्दर ऐसा।
तेरी काया मानवता हो,
छाया में ना दानवता हो ॥

शीतल मन हो तेरा निर्मल,
न उर हो ये तेरा दुर्बल।
सबल - सबल हो अंतर्ज्योति,
प्रबल प्रकाश सत्य की मोती ॥

भेदभाव न कलुष - भाव का
खेती कर मनु सद्भाव का।
अज्ञान भाव का हर तम हर दे
हर जन में नव चेतन भर दे ॥

भर दे भर दे जन जीवन में
नई प्रेरणा हर तन मन में।
लगा पुष्प तू सुन्दर कर दे
बगीयाँ बगीयाँ खुशबू कर दे ॥

कर दे सौरभ हर आँगन में
खुशियाँ भर दे घर आँगन में।
तेरी हो जाये मानव जीत
रच दे तू इक ऐसी प्रीत॥

प्रीत तुम्हरी गीत सुहानी
बन जायेगी नई कहानी।
हे मानव तुम मानव जैसा
बन मानव सुन्दर ऐसा॥

श्रम-साधक को विश्राम नहीं

हे ! जीवन के दाता मेरे
जगताधार सृष्टि के पालक।
तुझको है आराम नहीं
श्रम - साधक को विश्राम नहीं ।।

तेरे श्रम से उपजे मिट्टी,
मोती जैसे अनाज के दानें,
आतप में तपकर भी छाते
अधरों पर प्यारी सी मुस्कानें।
जन- जन अपनी राग बजाता
क्या ? तू है इंसान नहीं,
मुख पर तेरे म्लान नहीं,
श्रम - साधक को विश्राम नहीं ।।

जग सोता सुंदर सदनों में तेरा
कुटज तले निर्बल डेरा,
शीत, पवन, मेघों के गर्जन
आते दुःख पर दुःख के फेरा।
भरता उदर तृप्त जग करता,
पर, तेरे भूख का भान नहीं,

किसको पीड़ा ज्ञान नहीं,
श्रम - साधक को विश्राम नहीं ॥

तेरे ही करमों से जग में,
जीवन संचार दिखाई पड़ता है,
लहू से सिंचित तेरे सीमा पर,
पहरेदार दिखाई पड़ता है।
नमक तेरा नश – नश में पर,
कोई सुनता अरमान नहीं,
पर, रुकता तेरा काम नहीं,
श्रम - साधक को विश्राम नहीं ॥

तू बंजर धरती पर विश्वास लिए
अमरत्व - बीज है बोता,
सूखे संग बाढ़ों के तड़पन
सहता कदा निराश न होता।
राजनीति के खर - पतवारों से,
उलझ फटे परिधान तेरे
पर, आलस तेरा काम नहीं
श्रम - साधक को विश्राम नहीं ॥

जिन्दगी

जिन्दगी जब निकलती हैं संग तू मेरे राह में,
सोचता हूँ समय, पल भर जाये ठहर,
जिन्दगी ! ये भी तुझको, गंवारा   नहीं,
फिर क्यूँ चलती है, संग तू, मेरे राह में॥

पाँव रखती है तू, जब भरी धूप में,
कंकरीली झूलसती, हुई रेत पे,
देखता है हृदय रो, तेरे पाँव को,
छाँव भी यूँ, तड़पती हैं, कहती नहीं,
फिर क्यूँ चलती हैं, संग तू, मेरे राह में॥

धूप तो बेवफ़ा बन, सताती मुझे,
सौत बनकर जलाती, बहुत है तुझे,
गर्म आहों से अपने, तपाती है ये,
शीत भी यूँ, बिलखती, बचाती नहीं,
फिर क्यूँ चलती हैं, संग तू, मेरे राह में॥

चलना मेरा काम, है जिन्दगी,
शूल पथ में मिले, फूल की सादगी,

मधुऋतु वो, सुहानी, कभी आवेगी,
यूँ निरसता में क्यूं, धैर्य, रखती नहीं,
फिर क्यूँ चलती है, संग तू, मेरे राह में॥

मानव की जिजीविषा

अनन्त विस्तृत नभ में
चंचल, रंग - बिरंगी तितली सी,
या सरिता की तरल धार,
चिर-अविरल शाश्वत बढ़ती
मानव की जिजीविषा ।।

क्षितिज तक जाने की ललक
व्याप्त सदा अम्बर छूने की आशा
अथाह जल में तिरता -
कमल शाश्वत बढ़ती
मानव की जिजीविषा ।।

लहरों पे लहरों के जैसे या
बेलों सी सपनों के फूलों में
सज चन्दा सी खिलती, हँसती,
धूप - छाँव में शाश्वत बढ़ती
मानव की जिजीविषा ।।

सत्य - मरण - शाश्वत जीवन क्षणिक,
है भान जगत को, अज्ञात नहीं
इच्छा की लम्बी चादर
फिर भी शाश्वत बढ़ती
मानव की जिजीविषा ।।

प्रयाण के वक्त

प्रयाण के वक्त,
अपने ही घर से बेघर किया जाऊँगा मैं।
गैर की तरह, निकल कर विदेह,
अपनों के मन बस जाऊँगा मैं।।

विरान चला हूँ मग में,
साथ रहा हूँ जग में,
साथ चलूँगा उस वक्त अकेला-
शमशान तक लाया जाऊँगा मैं।।

जिस अग्नि के ताप से,
मेरे हाथ झुलस जाते हैं,
तड़प जाते हैं बड़ी पीड़ा से,
उन्हीं में सशरीर जलाया जाऊँगा मैं।।

पता नहीं मुझको यह,
आभास नहीं तुमको यह,
पर निश्चय तो जाना है
फिर लौट नहीं आऊँगा मैं।।

भान नहीं चुपके से,
प्रीतम की उस नगरी में
उसका हो जाऊँगा,
सबसे खो जाऊँगा मैं।।

मित्रों के हंसी-ठिठौली का
बन दर्द बह जाऊँगा –
नयनों के पथ से,
नजर नहीं आऊँगा मैं।।
प्रयाण के वक्त, अपने ही घर से...

मनुज- ज्योति

मनुज- ज्योति जागृत कर अपनी,
अपना प्रेम - मिलन का फागुन।
राग - द्वेष के भावों को तुम,
धो मल - मल ज्ञान का साबुन ॥

कर सुन्दर समाज का दर्पण,
मानवता के सुन्दर चादर से।
छिपे बुराई के कीटाणु को,
दूर भगा तू आदर से ॥

कहीं, पनप ना जाये तुझमें,
कर्तव्यहीनता का जीवाणु।
दान - धर्म का हानि करेगा,
स्वार्थरूपता के ये विषाणु ॥

जीवन यह नर्क बना देगा,
बुरे - कर्म का प्राप्त भोग।
हाँ मन में अपने कर प्रकाश
करके सुन्दर सत्कर्म - योग ॥

घातक महा विनाशी हैं ये,
दीमक तेरे सत्य – राह के।
औषधि - प्रकाश फैलादे इनपे,
धर पथ अपने उच्च राह के।।

जीवन उन्नतिशील बना ले,
सुख - शान्ति और संवृद्धि लाके।
फैला दे नव – जीवन का बहार,
निर्मल अपना चरित बना के।।

प्रेम की पावन - गंग बहा के।
धरती को तू स्वर्ग बना के।।

एक - आवाज

मैं चला एक दिन कॉलेज से,
कोई मानव मुझे पुकारा।
मैंने पीछे मुड़कर देखा,
दिखा न कोई यार हमारा ।।
मैंने इधर - उधर भी खोजा,
अपने आस - पास भी देखा।
ढूंढा मैंने रुक कर उसको,
दिखा नहीं मानव का सौजा ।।
शायद, निर्जन वायु ने,
हमको पास बुलायी थी।
कहने को कुछ मनोवेदना,
हमको आवाज लगायी थी ।।

लेकिन ! यह क्या ? वह,
चुप शांत हो कर बैठी।
इतने दुःख सहकर भी,
बंद अधर वह करके बैठी ।।
कहने से वह डरती थी,
किस्मत पर अपनें रोती।

कभी मौन हो जाती वह,
कभी जोर से हँसती।।
हो व्याकुलता से मैंने पूछा,
सहसा वह सिहर गयी।
थोड़ी लज्जा के कारण,
आँचल में अपनें सिमट गयी।।

कुछ देर मौन हो फिर -
मुझसे स्मित सी वह बोली।
कौन ? सुनेगा जीवन मेरा,
मैं तो दुखड़ों की हूँ रोली।।
सारे जग में मैंने देखा,
झूठ की चादर छायी।
पड़ते मानवता पर देखा,
दानवता की अब परछायी।।
कोई नहीं है अपना जग में,
दिखते सभी परायें है।
बस स्वार्थ की जंजीर से,
रिश्ते सबने बनायें है।।

जिनको सुंदर फूल समझती,
काँटा बन चुभ जाते हैं।
जिनको अपना मान पकड़ती,
बेगाना बन ठग जाते हैं॥
लूट - लूट कर निर्धन को,
सब धनवान कहातें हैं।
श्रम करते खेतों में जो,
वे भूखे ही रह जाते हैं॥
जहाँ चहकती थीं कोयल,
काग नहीं अब दिखते हैं।
नदियों में अब नीर नहीं हैं,
सूनी अथाह जल धारा हैं॥

वेद - पुराण - उपनिषदों की,
महिमा का करते अपमान।
सोच अचम्भित होता है मन,
कैसा ? यह मानव संतान॥
जिन आँचल में ममता पाया,
दुःख - धूप भरे मर्यादा टूट।
भगिनी भार्या माँ एक रूप जो,
खेल रहे दामन को लूट॥

जीवित मग पर चलते राही,
लहु - लुहान अब दिखतें हैं।
हर चौराहे भयभीत लगें,
आतंकित संकित लगतें है।।

क्या ? सोया मनु की संतान,
तिमिर घनेरा नहीं हटेगा।
रक्षा की जो नियत सृष्टि का,
थके हाथ क्या नहीं बढ़ेगा।।
रवि जागता वह जग जाता,
तप साधन में रम जाता।
गृहस्थ जीवन करता निर्वाह,
नीति नियम संयम की राह।।
जिसकी संस्कृति यश गाथा,
दुनिया गाती, नहीं जगेगा।
तुम तो मनु - पुत्र वही हो,
क्या ? पुनः सवेरा नहीं करेगा।।

इतना ही वह बोल सकी,
मुख में उसके जोर नहीं था।
मैंने उसकी काया को देखा,

उसमें अब तो होश नहीं था।।
शायद उसकी वाणी ही,
मानव - मन परिवर्तन कर दे।
मेरी कविता से प्रेरित हो,
जन - जन को हर्षित कर दे।।
क्या ? ऐसा सम्भव हो सकता है,
मानव ही यह कर सकता है।
स्वयं बदलना होगा हमको,
तभी भलाई हो सकता है।।

तुम्हारी - तस्वीर

देख प्रिये तस्वीर - तुम्हारी,
आँखें वारिद बन जाते हैं,
घिरतें मुख - मण्डल पर तेरे,
छटने का नाम नहीं लेते हैं।
फूलदान सा हृदय हमारा,
सजता स्मृति के फूलों से,
अमर - प्रणय है तेरा - मेरा,
यह प्रमाण तस्वीर - तुम्हारी॥
अवलोकित कर तेरी चारूकता
मन तुझमें ही रग जाता है,
यादों की गहरी - सागर में,
तन की स्मृति बिसराता है॥

करता तेरे रूप - सौन्दर्य का,
रसपान सदा यह गुञ्जन,
यौवन की श्रोन - कमल सी,
प्यारी लगती तस्वीर - तुम्हारी॥
दिखती प्यारी - मधुबाला सी,
नयनों से हाला बरसाती,
खुद बन मदिरा यह साकी,

तरसाती है तस्वीर - तुम्हारी ।।
हो बेसुध पिये मधु - प्याला,
प्यासा मन प्यास मिटाने को,
प्यासा - प्यासा ही रह जाता,
देखें जब तस्वीर - तुम्हारी ।।

दृग- आनन्दित मन- विभोर,
मुखरित होता सौन्दर्य - रूप,
मलय - श्वास घुलता तन में,
है प्यारी सी तस्वीर - तुम्हारी ।।
तरूणाई तेरे प्रतिछाया की,
चिरकाल से रुकी हुई हैं,
उम्र हमारी बढ़ती जाती पर,
अपरिवर्तित तस्वीर - तुम्हारी ।।
विरह - अनल से दग्ध हुई,
निर्निमेष तकता रसिक - हृदय,
सुन्दरता की तेरे प्रतिछाया,
अजर-अमर तस्वीर -तुम्हारी ।।

छद्मवेश में रहती जिसमें,
तेरे स्मृति की दामिनी,
आकर्षित करता अंतर्मन,

चिर - स्थायी तस्वीर - तुम्हारी ॥
इस इतिहास के पन्ने   में,
श्वप्न - बुलबुले पानी के,
आकर नींद चुरा जातीं हैं,
बन परछाई ख्वाबों की ॥
उपल नहीं, हृदय यह मेरा,
बंध जाता कच्चे – बन्धन में,
चंचल मन यो खो जाता है,
देख प्रिये तस्वीर - तुम्हारी ॥

देख तुम्हारें मृग - नयनों में,
जगते मन के शान्त भाव,
सजती छन्दों की सुंदर डाली,
कविता बनते मुक्त - भाव ॥
स्मित अधरों की आवाजों से,
स्वर का तार चुराता हूँ,
बुनता हूँ शब्दों से गढ़कर,
इक प्यारी तस्वीर - तुम्हारी ॥
बहते नीर, नयन से हैं,
गीला करते पलकों को,
नीरों से इसे बचाता हूँ,
भीगे ना तस्वीर - तुम्हारी ॥

हृदय लगाकर मैं माझी,
प्रेम - उर्मि छलकाता हूँ,
डर लगता है गल न जाये,
कागज की तस्वीर - तुम्हारी ।।
इस जीवन - मग पर अविरल,
तकदीर - तमाशा बनती हैं,
पीड़ा की चादर से लिपटी,
आँसू पीती जाती है ।।
अधरों पर मुस्कान नहीं,
सपनें बन मिट जाती है,
भूली - बिसरी हर यादों का,
उत्प्रेरक है तस्वीर - तुम्हारी ।।

आती है गितार - बजाती,
क्यों ? विकल - वेदना आती,
सुनें से मन के आँगन में क्यों ?
यह गीत गमों का गाती ।।
मेरे जीवन - मग में तुम,
बन संगीत उपस्थित हो,
यादों के उपवन में मेरे,
फूल सदृश्य तस्वीर - तुम्हारी ।।

मैं तुम्हारा हूँ

मैं तुम्हारा हूँ, तुम्हारा,
बस, तुम्हारा ही रहूँगा।
प्रेम करता हूँ तुम्हीं से,
बस यूँ ही करता रहूँगा॥

प्रेम कहते है किसे ? यह,
हम नहीं हैं जानते।
जैसे- भी आता है हमकों,
नेह तुमपर वारते॥

प्रेमी कहना या अनाड़ी,
मैं तो करता ही रहूंगा।
मैं तुम्हारा हूँ, तुम्हारा,
बस, तुम्हारा ही रहूँगा॥

तुम मसीहा! प्रेम के हो,
मैं प्रेमी - पागल सही।
तुम हो जीवन के विधाता
बस मेरी किस्मत यही॥

आहे भरता हूँ तेरे बिन,
यूँ, तड़पता ही रहूँगा।
मैं तुम्हारा हूँ, तुम्हारा,
बस, तुम्हारा ही रहूंगा॥

मैं तो एक पल का मुसाफिर,
तुम तो कल भी रहोगे।
मैं तो अपनों की जुबां पे,
तुम तो कण - कण बसोगे॥

मैं तो जोगी रमता हुआ हूँ,
बस यूँ ही रमता रहूँगा।
मैं तुम्हारा हूँ, तुम्हारा,
बस, तुम्हारा ही रहूंगा॥

बेबफाई फिदरत नहीं है,
ऐ सनम ! तुम जान लो।
कर नहीं सकता वफा में,
ऐसा भी तुम मान लो॥

प्यार के इस दौड़ में मैं,
पीछे था, पीछे ही रहूँगा।
मैं तुम्हारा हूँ, तुम्हारा,
बस, तुम्हारा ही रहूंगा।।

जब कभी यूँ लौटकर तुम,
फेरोगें अपनी नजर।
सबसे पहले मैं मिलूंगा,
देख लेना उस पहर।।

पूँछोगे तुम उस वखत भी,
मैं तो बस इतना कहूँगा।
मैं तुम्हारा हूँ, तुम्हारा,
बस, तुम्हारा ही रहूंगा।।

अब नहीं दिखे मेरा गाँव

अब नहीं दिखे मेरा गाँव,
कहाँ से ढूँढ के लाऊँ ।।
चिड़ियों का आशियाना प्यारा,
वो नीमों के छाँव, कहाँ से ढूँढ के लाऊँ ।।
अब नहीं दिखे मेरा गाँव.....

लगती थी चौपाल जहाँ पे,
परियों के वो किस्से,
यारों के संग मिट्टी में वो
खेल खेलते पाँव, कहाँ से ढूँढ के लाऊँ ।।
अब दिखे नहीं मेरा गाँव . . . .

कोयल की वह कूक मधुर सी,
नभ उड़ते चीलों की छाया,
खेतों में वो दिखते बकुले,
उन कौवों की काँव, कहाँ से ढूँढ के लाऊँ ।।
अब नहीं दिखे मेरा गाँव . . . .

मिट्टी के वो घड़े सुनहरे
मीठे - मीठे कुएँ का पानी,
जल भरती वो पनिहारन,
औ पायल बजते पाँव, कहाँ से ढूँढ के लाऊँ ॥
अब नहीं दिखे मेरा गाँव . . . .

खुली हवा उन बागों की,
सपनें खड़े यादों की,
खेतों में जुते हुये वो
उन बैलों के पाँव, कहाँ से ढूँढ लाऊँ ॥
अब नहीं दिखे मेरा गाँव . . . .

सोंधी-सोंधी महक सुहानी,
मेरे गाँव की मिट्टी में
शहरों की इन चकाचौंध में,
छिपे रात के छाँव, कहाँ से ढूँढ के लाऊँ ॥
अब नहीं दिखे मेरा गाँव . . . .

जीवन का ध्येय

जीवन का धेय स्व को स्व से मुक्त बनाना,
संसृति के नियमों में बंधकर, निःबंध बनाना।

कठिन साधना - राह अधिक,
पर न होना भयभीत तनिक,
तुम हर दुर्जय - बाधा बंधन, सुगम बनाना।
जीवन का धेय स्व को स्व से मुक्त बनाना ....

पर्वत से निकली नदी की धारा
नहीं किसी मुश्किल से हारा
बस मंजिल की ओर सदा यूं बढ़ते जाना।
जीवन का धेय स्व को स्व से मुक्त बनाना ....

संभव और असंभव केवल
दृढ़ इच्छा शक्ति के बल
तुम मन के सारे अंतर - भेद मिटाना।
जीवन का धेय स्व को स्व से मुक्त बनाना ....

धन - वैभव का तज अभिमान
काया मिट्टी क्यों ? करे गुमान

प्रेम - सुधा, सदा जनों पर बरसाते जाना ।
जीवन का धेय स्व को स्व से मुक्त बनाना ....

परमात्म-मिलन, आत्म-बोध है
मन की शुद्धि शान्ति शोध है
काम क्रोध मद लोभ मोह ये पंच त्यागना ।
जीवन का धेय स्व को स्व से मुक्त बनाना ....

मैं गुमनाम कवि हूँ

मैं गुमनाम कवि हूँ गाँवों का,
मेरी कविता कौन ? पढ़ेगा ।
सहज जाल शब्दों का बुनता,
इन जालों में कौन फसेंगा ।
हमें कौन स्नेह प्रेम दे,
अपनों में देगा सम्मान !
नहीं मुझे है इसकी चिन्ता
न खुद पर है अभिमान ।

मेरा परिचय तुमसे कैसा,
मैं हूँ मानव तेरे जैसा,
बस मानवता पथ है मेरा,
यह पथ बोलो कौन बढ़ेगा ।।

मैं गुमनाम कवि हूँ .....

सभी कवि सूरज है देखो,
जिनसे तपती धरती की काया ।
सूख चुके जंगल हैं देखो,
नदियों को भी निर्जल पाया ।

मैं तो छोटा सा बादल हूँ,
आज बरसने आया हूँ,
धो कर मैल धरा के सारे,
हरियाली चादर लाया हूँ,

मुझे देख कर मोर नाचते,
दादुर करते टर टर टर,
बोल बोलती मीठी कोयल,
उसके स्वर को कौन सुनेगा ॥

मैं गुमनाम कवि हूँ ....

बड़े कवि स्थायी देखो,
मैं तो एक हवा का झोंका।
मधु का होकर मीत सदा मैं,
बिखराउँ सौरभ फूलों का ॥

मिट्टी से सोंधी गन्ध लिए मैं,
हरषित हो कर गाता हूँ,
मैं बहुरंगी - तितली जैसे,
सबके मन को भाता हूँ,
शब्दों के सुन्दर पुष्प सजा,

भरता खुशियों का उपवन,
कलरव करता मधुवन में मैं,
मेरे कलरव कौन सुनेगा ॥
मैं गुमनाम कवि हूँ गाँवों का,
मेरी कविता कौन ? पढ़ेगा ॥

कवि - परिचय

नागेन्द्र मोहन की कलम से

आचार्य रमेश तिवारी लल्लन गुलालपुरी जी का जन्म ५ जुलाई, सन् १९८६ ई०, उत्तर प्रदेश के प्रयागराज जनपद के दरियापुर उर्फ गुलालपुर ग्राम के प्रतिष्ठित ब्राह्मण परिवार में हुआ। इनके पिता श्री शेष नारायण तिवारी एवं माता श्रीमती चंदन तिवारी बहुत ही धार्मिक एवं साधारण - कृषक हैं।

गुलालपुरी जी गाँव के ही सालिकराम दयाराम शास्त्री इण्टर कालेज में शिक्षण कार्यरत हैं । आचार्य तिवारी जी प्रतिभा सम्पन्न और अत्यन्त संवेदनशील व्यक्ति हैं । आप हिन्दी, संस्कृत, गणित एवं चित्रकला के अच्छे जानकार तथा कुशल शिक्षक हैं। आपकी भाषा- शैली बिल्कुल सामान्य है।
रचनाएं- आपकी सर्वश्रेष्ठ कृति 'श्रीदुर्गाचरितमानस' जो माता अम्बें की भक्ति - भावना का अनुपम सागर है। जो तुलसी की काव्य - शैली पर आधारित है । आपकी दूसरी रचना 'हंसा चलो पिया के गाँव' में पदों का अनूठा संग्रह कबीर एवं सूर की विशेषताओं से पीछे नहीं जान पड़ती ।

सम्मान - आपको अनेक संस्थानों / पत्रिकाओं द्वारा 'साहित्य - सारथी', 'साहित्य रत्न - सम्मान पत्र', 'शब्द- सुगंध' आदि से नवाजा जा चुका है।

नमन - आशीर्वाद

स्वस्ति श्री रमेश तिवारी गुलालपुरी जी सबसे पहले तो मैं आपकी कलम व कल्पना को सादर नमन वंदन करता हूँ।

निश्चित रूप से आप बहुमुखी प्रतिभा संपन्न कवि हैं आप की सभी रचनाएं उच्च कोटि की हैं आप का सृजन अति उच्च कोटि का है और समाज को एक नई दिशा भी प्रदान करता है।

नि:संदेह आप जीवन पथ पर नए मानक स्थापित करने में सफल रहे हैं यूं तो आपकी रचनाएं किसी उत्सव से कम नहीं है बहरहाल आपकी रचनाएं काफी समय से पढ़ने का सौभाग्य मिलता आया है इसलिए समीक्षा के लिए किसी प्रतिनिधि रचना की आवश्यकता महसूस नहीं हो रही है आपकी रचनाओं का मूल भाव वात्सल्य स्नेह और सौंदर्य रहा है आप की सभी रचनाएं रंगारंग फूलों से पटी बगिया की तरह होती है। • आपकी रचनाओं में भाषा एवं शिल्प के साथ-साथ आप की कोमल भावनाओं की अभिव्यक्ति एवं जीवंतता इस बात का सुंदर एवं श्रेष्ठ उदाहरण है।

• आपकी रचनाओं के भाव सुंदर तो हैं ही साथ ही सरस सुंदर शब्दावली का प्रयोग भी इन्हें आकर्षक बनाता है, तथा पद की गेयता रचना को पूर्णता प्रदान करती है।

आप सदा उत्तम साहित्य सृजन करते रहें, व कर्म क्षेत्र में भी यूं ही सक्रिय रहें, आपको हृदय से अनंत बधाइयां आप हमेशा स्वस्थ व प्रसन्न रहें, और निरंतर ऐसे ही श्रेष्ठ सृजन करते रहें।

आपका स्नेही
प्रभाकर शुक्ल चन्दौहा, प्रयागराज